Lk° 494

LES VILLAGES DÉPARTEMENTAUX EN ALGÉRIE

PAR

FRANÇOIS DUCUING.

PARIS
SCHILLER AÎNÉ, IMPRIMEUR-LIBRAIRE,
RUE DU FAUBOURG-MONTMARTRE, 14

1853

PRÉFACE.

On m'engage, de plusieurs côtés, à réunir en corps de brochure les quelques articles que j'ai publiés dans divers journaux sur la colonisation de l'Algérie par départements.

Je cède à ces flatteuses instances. Si je puis, en remaniant et en complétant mon travail, parvenir à vulgariser un peu plus un projet déjà si favorablement accueilli dans la publicité, et à lever les dernières objections qui pourraient en faire ajourner l'essai, j'aurai rempli mon but.

Je me trompe : mon ambition vise plus haut. Il y a une volonté suprême à laquelle s'adresse plus particulièrement cet appel, et qui, d'un mot, pourrait réaliser ce qui, pour tous, est encore un rêve : la prospérité de l'Algérie.

Le décret qui instituerait les villages départementaux serait bien véritablement le *sésame, ouvre-toi!* de la colonisation algérienne.

Fr. DUCUING,

PROPOSITION.

Qu'on me permette de présenter ma proposition sous la formule d'un décret.

Considérant que la colonisation de l'Algérie doit être regardée comme entreprise d'utilité publique, et vu l'urgence :

ART. 1. — Dans chaque département, des listes d'inscription sont ouvertes où pourront s'inscrire les citoyens du département qui désireront s'établir en Afrique.

ART. 2. — Les colons fournis par chaque département formeront, en Afrique, un groupe de population distinct, un centre municipal par chaque département.

ART. 3. — Les conseils-généraux sont convoqués pour déterminer la dotation à affecter à ce mode de colonisation.

ART. 4. — Un décret ultérieur déterminera la part de dotation fournie par l'État, suivant les ressources de chaque département en regard du nombre de colons engagés.

I.

Affecter à la colonisation de l'Algérie les centimes additionnels de chaque département, telle est l'idée mère du projet que je formule.

Une explication préliminaire est indispensable pour l'intelligence de l'article 1. Prenons pour exemple deux départements, l'un très riche, l'autre très pauvre, soit le Nord et l'Ariège. Les deux envoient en Algérie le même nombre de colons. Si la part de dotation fournie par l'État était la même pour ces deux centres de colonisation, le groupe correspondant au département du Nord se trouverait dans une position relativement trop avantageuse par rapport au groupe correspondant au département de l'Ariège, puisque la part des centimes additionnels serait énorme pour le village de Lille, et insignifiante pour le village de Foix.

Calculons à 3,000 fr. l'établissement de chaque colon en Algérie. Si, par rapport au nombre de colons engagés, le département du Nord fournit 3,000 fr. à chacun de ses colons respectifs, la part de l'État sera nulle; si le département de l'Ariège ne peut fournir que 1,000 fr. de centimes additionnels par chacun de ses colons engagés, l'État, au contraire, complétera la dotation de 3,000 fr.

II

EXPOSÉ DE MOTIFS.

Depuis l'origine de l'occupation, l'Algérie nous coûte plus de deux milliards. Pour nous payer l'intérêt du capital qu'elle nous coûte, elle devrait donc nous rendre cent millions par an. Elle ne nous rend pas vingt millions, tout compris.

Les dépenses ne tendent nullement à diminuer. D'après le dernier exercice publié, celui de 1850, elles montaient encore à soixante dix-huit millions.

Pour savoir si ces dépenses ont été stériles ou fécondes, voyons leur résultat comme colonisation.

En regard de deux milliards dépensés depuis la conquête, nous trouvons 130 mille colons, dont encore les trois cinquièmes sont étrangers.

En regard de 80 millions annuellement dépensés, nous trouvons une augmentation moyenne de 5,000 colons.

La pauvreté du résultat est évidente en regard de l'énormité des efforts.

La colonisation de l'Algérie n'est donc point populaire en France : c'est un fait incontestable. Pourquoi n'est-elle point devenue populaire? Le sol africain récèle des sources de fécondité inépuisables : toutes les plantes intertropicales y germent naturellement; l'olivier et le mûrier y livrent leurs produits à la cinquième année de leur plantation ou de leur greffe; la terre, à peine remuée, récompense le cultivateur au centuple. Depuis l'exécution de quelques travaux d'assainissement indispensables, la mortalité n'est pas plus élevée en Algérie qu'en France, et, malgré l'ardeur du ciel, l'acclimatation y est facile, le grand air de la mer et le grand air de l'Atlas venant éventer, tour à tour, cette atmosphère embrâsée.

On ne s'est pas assez informé, jusqu'ici, de la vraie cause de cette indifférence de notre population pour la prospérité de notre magnifique établissement africain. Cette cause, je crois l'avoir trouvée dans la nature même du budget algérien.

C'est le budget de l'Etat qui solde indistinctement toutes les dépenses de l'Algérie : c'est le budget des départements qui devrait en solder une partie.

En principe, assurément, il importe peu à la fortune publique que ce soit l'impôt général ou l'impôt local qui solde ces dépenses; mais, en pratique et en fait, cette distinction importe essentiellement au point de vue de la colonisation, et je le prouve.

Mettons-nous, pour un instant, au point de vue du

paysan, c'est-à-dire de l'unique contingent de la colonisation algérienne. — Lorsque l'impôt lui demande cent francs, le paysan ne s'informe pas, et personne ne lui dit combien on en prélève pour l'Algérie; et c'est pourquoi justement l'Algérie lui est restée jusqu'ici indifférente, outre qu'il n'a pu (non sans quelque raison) se mettre dans la tête qu'une contrée où l'on envoyait mourir nos soldats pût, dans le même temps, faire vivre nos colons.

Mais à ce même paysan, si inaccessible aujourd'hui aux tentations colonisatrices, dites-lui, en lui demandant l'impôt : « Sur ces cent francs que tu paies, il y en a dix ou quinze que te coûte l'Algérie. » Tout aussitôt, il s'inquiète, il s'informe, il interroge, il discute : puis, enfin, il finit inévitablement par se dire : « Puisque tous les contribuables de France dépensent, comme moi, de l'argent pour la colonisation africaine, il faut bien que quelqu'un en profite. Qui en profite? Naturellement les colons qui vont s'établir, à nos frais, sur le sol conquis. Quel est le moyen de m'affranchir de cette contribution forcée que je leur paie? C'est d'aller en profiter, avec eux, aux dépens des contribuables de la France, comme ils en profitent, à mes propres dépens, aujourd'hui. »

Il faudrait ne pas connaître la nature et le caractère du paysan, pour nier que c'est ainsi qu'il raisonnera.

Et le vrai moyen de faire qu'il raisonne ainsi, c'est précisément de répartir le budget de l'Afrique de telle sorte que la majeure partie des dépenses de la colonisation incombe au service de l'impôt départemental.

Cela ne changera rien certainement au fond des choses, puisque ce seront, en somme, 80 millions que les contribuables paieront à l'Algérie, soit par l'intermédiaire de leurs conseils généraux, soit par l'intermédiaire de l'État. Mais tenez pour certain que cette répartition nouvelle changera radicalement la face des choses pour l'Algérie.

D'abord, elle forcera, pour ainsi dire, le contribuable à se préoccuper de ce qui se passe en Afrique; et cette préoccupation même fera naître dans son esprit l'idée d'intervenir directement dans l'acte de la prospérité coloniale.

Que, au sein de cette préoccupation naturelle et constante des esprits, l'administration fasse circuler dans les villages, comme cela se pratique en Angleterre, des manuels pratiques de colonisation, des statistiques bien simples et bien claires des ressources naturelles et des ressources acquises de notre établissement africain, et j'ose affirmer qu'on n'aura pas de peine à entraîner des flots de population de l'autre côté de la Méditerrannée.

Ces conditions étant posées, la colonisation peut se faire plus ou moins vite, mais elle se fera inévitablement.

Ce n'est donc pas, — qu'on y prenne bien garde, — dans l'idée d'établir la colonisation par groupes départementaux que repose seulement l'efficacité du projet que je soumets humblement à l'acceptation du gouvernement. Non! c'est surtout dans l'idée d'affecter à ce mode de colonisation les centimes additionnels de chaque département. Il serait même possible qu'aucun des deux termes du projet ne réussît isolément. Ainsi la dotation des centimes additionnels n'entraînerait peut-être pas toute seule des colons en Algérie, si l'on n'offrait en même temps un cadre de colonisation tout formé aux cultivateurs disposés à émigrer. De même, il est assez probable qu'on offrirait vainement ce cadre de colonisation à nos paysans, si l'on ne leur montrait en même temps le budget spécial destiné à en opérer le succès certain.

Dans la combinaison des centimes additionnels et du recrutement colonial par département, repose donc tout entier le succès du projet que j'expose.

Depuis que le projet des villages départementaux a été mis en circulation, divers départements ont formé des demandes de concession, entre autres le département de la Haute-Saône. Je ne sais ce qui arrivera de ces tentatives isolées. Mais je dois prévenir que ce n'est point là une application même partielle du projet que j'ai émis dans la publicité, puisque la dotation départementale ne figure pas dans ces demandes de concession. Où je trouverais bien plutôt une application de mon projet, application détournée, il est vrai; c'est dans la concession récente des douze villages Suisses de Sétif, où la tutelle d'une grande compagnie financière remplace la tutelle des conseils généraux.

Certainement les villages algériens de la Haute-Saône et du Morbihan, formés avec des éléments homogènes, ont plus de chances de réussir que les villages formés avec des colons pris au hasard, artisans de ville pour la plupart, comme ont été recrutés jusqu'ici les villages fondés par l'administration. Il est possible pourtant que ces villages, se trouvant isolés et sans entourage propice, échouent à la tâche, ou que du moins leur prospérité ne soit pas décisive. Cet échec ne prouverait absolument rien contre l'efficacité du projet que j'expose ici.

Où des villages isolés et livrés à leurs seules ressources échoueront, je prétends qu'un réseau de villages dotés par les départements réussira.

La France n'a pas assurément une population exubérante; et, si nous agissions en économistes véritables, peut-être devrions-nous songer à coloniser notre sol métropolitain, où plus de sept millions d'hectares restent inexploités, avant de songer à coloniser l'Afrique. Mais la France nous appartient, et nous serons toujours à temps d'y mieux répartir la population. Pour l'Algérie, au contraire, qu'un intérêt politique majeur nous oblige à conserver, il faut profiter du moment et se hâter, si l'on ne veut qu'une éventualité mette à néant tous nos sacrifices passés et tous nos intérêts d'avenir.

Pour qui connaît bien le caractère de notre population rurale, il est indubitable que l'impôt local affecté à la colonisation de l'Algérie n'aurait pas seulement pour résultat d'alléger les sacrifices de l'État, mais encore et surtout de vulgariser la colonisation jusque dans le dernier de nos villages.

Avec le système suivi jusqu'ici, d'ailleurs, il nous faudrait, qu'on y songe bien, quinze ans et un milliard pour avoir cent mille colons de plus en Algérie. Avec les villages départementaux, dotés par les communes, il faudra moins de deux ans et moins de 120 millions pour installer en Afrique, dans des conditions avantageuses, 40,000 colons de plus.

III.

VOIES ET MOYENS DU PROJET.

En apprenant que le gouvernement songeait sérieusement à la réalisation des villages départementaux, je me crus en droit d'écrire la lettre suivante au journal *Le Pays*, qui m'avait fait l'honneur de reproduire, à propos de cette nouvelle, un de mes anciens articles sur la colonisation algérienne :

A Monsieur A. de La Guéronnière.

Monsieur,

L'Algérie, vous le savez, est l'objet de mes préoccupations les plus chères et les plus constantes. Grâce à Dieu, ce n'est pas là une question où les opinions politiques puissent se diviser et se combattre : c'est au contraire un terrain neutre où tout le monde peut se donner la main dans une sollicitude pareille, avec une émulation semblable. Le gouvernement, quel qu'il soit, qui frappera l'Atlas du coup de verge de la prospérité, sera béni de tous les bons citoyens, à quelque parti qu'ils appartiennent. Donnez-moi donc pour une fois l'hospitalité dans vos colonnes, naguère familières à ma plume, pour entretenir le public de cette Algérie, à tous si chère.

L'idée des villages départementaux, dont un journal algérien nous fait espérer la réalisation prochaine, n'est pas une idée tout à fait nouvelle; elle a pour elle les épreuves, sinon la consécration du temps. En voici l'origine :

En 1845, un maire de l'Alsace proposa bravement au gouvernement d'alors de transporter en Algérie son village tout d'une pièce, commune et paroisse, conseil municipal et fabrique. A cette époque, où la guerre sévissait plus fort que jamais en Afrique, et en l'absence d'un corps de législation spéciale, cette proposition originale ne pouvait être prise en considération. Elle alla donc s'enfouir dans les bureaux de la guerre, où on la retrouverait encore. Je fus de ceux qui recueillirent dans leur esprit cette idée du maire alsacien jetée au vent de la publicité. « Le département du Bas-Rhin, disais-je
« dans le *Courrier français* d'alors, est un des plus
« riches de France. S'il y a dans ce département un vil-

« lage entier disposé à émigrer en Algérie, maire et
« curé en tête, il doit y en avoir à plus forte raison
« dans les autres départements, moins riches et plus
« peuplés. S'il ne s'en offre pas aujourd'hui, il s'en pré-
« sentera demain. L'Algérie est-elle prête à les rece-
« voir ? »

C'est ainsi que germa insensiblement, dans le champ de la publicité, l'idée du maire alsacien, bientôt transformée en projet de villages départementaux. Ce projet fut recueilli par une réunion de colons notables de la ville d'Alger, qui chargèrent, si je ne me trompe, un notaire et un capitaine d'artillerie, auteur d'ouvrages estimés, de les représenter à Paris (1).

L'idée des villages départementaux, qui peut-être allait éclore alors à réalisation, fut étouffée sous les décombres de la révolution de février. Mais elle fut reprise et reparut bientôt avec plus d'autorité en pleine Législative. Une commission parlementaire fut même saisie de son examen. Si elle l'examina, je n'en sais rien : mais je crois bien qu'au lieu d'étudier sérieusement un projet qui se présentait sous des auspices considérables, elle l'enterra, comme cela est arrivé si souvent pour tant d'autres projets de simple utilité publique.

C'est alors que je repris dans *Le Pays* la propagande des villages départementaux. Les journaux algériens, en reproduisant mes articles, vinrent me prouver que la création des villages départementaux aurait pour adhérents et pour appuis tous les colons déjà installés en Algérie. Bientôt même, quelques conseils généraux, en

---

(1) Parmi les propagateurs des villages départementaux, il est juste de citer M. Cœur de Roy, juge au tribunal de commerce d'Alger. Cet honorable négociant a publié dernièrement une excellente brochure : *Les colonies départementales*.

firent l'objet de leurs délibérations prévoyantes, et la chambre de commerce de Rouen se chargea de la réalisation de ce plan de colonisation pour le département de la Seine-Inférieure (1).

Ainsi, étouffé une première fois par la révolution de 1848, enterré depuis par une commission parlementaire, enfin tenu en échec en 1851 par les effroyables éventualités politiques de 1852, ce projet revient encore sur l'eau, s'il faut en croire les feuilles d'Algérie. Vous voyez qu'il était né viable, puisqu'il a victorieusement résisté à tant de secousses qui auraient dû l'anéantir !

Que la bénédiction du ciel soit sur le gouvernement de bonne volonté qui patronnera seulement cette idée féconde, dont la réalisation doterait la France d'un empire nouveau !

Laissez-moi croire que le gouvernement de l'Empereur sera ce pouvoir bienfaisant sur lequel j'appelle les bénédictions de la Providence.

Prendre dans chaque département de France un contingent de population pour en faire un village distinct en Algérie, cela paraîtrait bizarre peut-être partout ailleurs que dans notre pays où les divisions administratives ont créé autant d'affinités locales qu'il y a de centres départementaux. Mais c'est précisément parce que cela paraîtrait bizarre partout ailleurs, que ce projet conviendrait plus particulièrement au génie et aux habitudes de notre pays.

Il suffirait d'un seul stimulant pour entraîner la France tout entière dans la réalisation de ce plan de colonisation, n'eût-il d'ailleurs aucun autre avantage sur les autres systèmes de colonisation proposés : ce stimulant,

(1) C'est sur l'initiative de M. Balllet, ancien avoué, que fut prise cette résolution de la chambre de commerce de Rouen.

c'est l'émulation d'amour-propre qu'apporterait chaque département au succès d'une œuvre commune, où une part distincte lui serait assignée et réservée.

Si la création des villages départementaux est une idée féconde, il est juste d'ajouter que jamais le moment ne fut plus favorable que l'époque présente à sa réalisation. Certes, je ne veux pas jeter la pierre au gouvernement parlementaire, moi qui ai été son partisan sincère et désintéressé. Mais, nous devons bien l'avouer tous, le régime parlementaire est l'ennemi de certaines audaces de réforme et de rénovation sociale. Sir Robert Peel lui-même, s'il eût obéi à la loi parlementaire, n'aurait jamais osé ni pu faire, en Angleterre, la réforme économique qui a illustré son nom. C'est même pour l'avoir faite en dépit du parlement, qu'il s'est aussitôt trouvé, et qu'il devait forcément se trouver en minorité et voir tomber, en un seul jour, la puissance qu'il avait usé toute sa vie à conquérir.

N'est-ce pas aussi le régime parlementaire qui a stérilisé jusqu'ici dans nos mains cette précieuse conquête de l'Afrique septentrionale? Souvenons-nous des *veto* qui allaient, du haut de la tribune, foudroyer l'illustre maréchal Bugeaud au sein même d'une victoire opportune! Souvenons-nous de tous ces votes dilatoires, de toutes ces mesures d'atermoiements qui retardaient dans sa marche naturelle, le développement de toutes les prospérités naissantes de la terre conquise!

Ce que le régime parlementaire aurait peut-être mis dix ans à accomplir, s'il l'eût accompli, — institutions de crédit déjà prospères, travaux publics décrétés et déjà en plein cours d'exécution, mesures d'édilité publique depuis si longtemps urgentes et déjà réussies du jour au lendemain, — le pouvoir nouveau qui s'est substitué au pouvoir parlementaire l'a déjà réalisé au bout d'une année d'existence. Ce qu'il a fait pour la France, il le doit faire pour l'Algérie ; là aussi, il y a urgence. Et le même succès qui a couronné ses efforts ici, sera aussi sa récompense sur l'autre rivage de la Méditerranée.

Le gouvernement actuel peut faire vite : et faire vite pour l'Algérie, c'est faire bien. Décréter les villages départementaux dans les 84 départements (je n'y comprends ni le département de la Seine, qui n'a pas de population agricole, ni la Corse qui a une population insuffisante), c'est jeter dans l'année même 40,000 colons en Algérie. Quel autre système de colonisation donnerait un pareil résultat ?

Avant tout, il faudrait saisir les conseils généraux, qui ont sur la population de leur département une influence immédiate et directe. Rien n'empêcherait qu'ils affectassent à l'Algérie les centimes additionnels de leur département, puisque d'ailleurs ces fonds ne sont plus nécessaires à l'exécution des chemins vicinaux, aujourd'hui achevés. Les préfets tiendraient ouverte une liste d'enrôlement colonial, et fourniraient aux maires des communes et aux sociétés de bienfaisance les renseignements qui leur seraient transmis sur l'emplacement, la contenance et les propriétés du sol qui serait affecté à la population émigrante du département, d'après les études faites par une commission spéciale d'inspecteurs et d'agronomes.

Le gouvernement, de son côté, s'engagerait vis-à-vis des colons départementaux aux mêmes primes qu'il accorde aux autres concessionnaires. D'abord, passage gratuit ; ensuite, installation des bâtisses préalable, chemins de ralliement d'un centre à l'autre exécutés avec le concours de l'armée et du génie ; exemption d'impôts directs pendant cinq ans, cela va sans dire. Notez qu'il n'est pas un seul des avantages ci-dessus détaillés que le gouvernement n'accorde libéralement à tous les émigrants sans distinction.

Enfin, pour donner une impulsion décisive à la colonisation, il faudrait assurer aux colons départementaux, déjà dotés par les centimes additionnels de leur département, les bénéfices d'une institution particulière de crédit qui leur rendît les emprunts praticables. Il faudrait encore ouvrir une prime, si faible qu'elle fût, pour les plantations d'arbres, après la troisième année de la plantation. Cette prime, sur une terre dont la fécondité proverbiale a été altérée par l'appauvrissement de la végétation, produirait au bout de quelques années des résultats merveilleux dans la climature et aussi dans la production.

Sans doute, le déménagement des colons départementaux ne se ferait pas sans encombre. Le colon devrait vendre la propriété qu'il abandonne pour féconder la propriété nouvelle qu'il veut exploiter. Il y aurait là des difficultés de vente, des frais de mutations qui entraîneraient des lenteurs et des sacrifices pénibles. Peut-être serait-il bon que le Trésor fît des remises sur les droits à percevoir. Du reste, depuis que le calme et la confiance sont revenus sur le pays, la propriété foncière a gagné une plus-value qui rendrait la transaction plus avantageuse pour le vendeur actuel. Comme je le disais, le déménagement se ferait donc dans des conditions on ne peut plus favorables.

A cette population immédiatement productrice, on pourrait adjoindre un élément précieux de prospérité future; c'est le contingent des enfants trouvés, recrutés aux conditions qui ont assuré la prospérité de la colonie de Mettray. On compte environ, tous les ans, dans toute la France dix mille enfants trouvés, dont l'Etat est le tuteur naturel jusqu'à l'âge de 21 ans. La direction des affaires de l'Algérie, au ministère de la guerre, a préparé sur cette question, si je ne me trompe, un projet d'exécution qui pourrait être utilement consulté.

Une fois ce premier noyau de population installé, et cette installation de 40,000 colons serait relativement facile dès la première année, le reste irait tout seul. Le cadre de la colonisation future serait trouvé, les municipes départementaux seraient plantés, autour desquels viendrait se ranger l'émigration grossissante. Le soldat qui quitte les drapeaux, le paysan qui cherche une meilleure rémunération de ses sueurs par delà la Méditerranée, sauraient où trouver la population familière qui saluerait en eux d'*anciennes connaissances*.

Je n'étends pas plus loin les éventualités prospères de cette entreprise vraiment grande et nationale, faite pour illustrer à jamais le gouvernement qui la patronnera. S'il en était besoin, je prouverais que cette entreprise pourrait réussir même sans le secours de l'Etat, et que, dans tous les cas, il en coûterait beaucoup moins pour coloniser l'Algérie par ce moyen qu'il n'en a coûté pour la conquérir.

Si vous voulez employer la légitime influence de votre journal à faire triompher ce projet, la reconnaissance publique sera votre récompense.

François Ducuing.

Je me flatte, peut-être à tort, que la publication de cette lettre n'a pas été sans influence sur les résolutions prises postérieurement à propos de la concession de Sétif et à propos des demandes présentées par quelques départements. Cette lettre a été reproduite ou commentée

2

par plus de 80 journaux de province ou de l'étranger; elle a obtenu l'adhésion à peu près unanime de toute la presse parisienne. Il n'y a peut-être pas d'exemple d'un projet si spontanément et si unanimement accepté. Ce que j'avais fait au *Pays*, je le fis au *Journal des Débats* qui voulut bien, comme l'avait fait *Le Pays*, prêter à mon projet sa publicité importante et respectée. Voici ma lettre au *Journal des Débats*:

A Monsieur le rédacteur du Journal des Débats:

Monsieur,

Puisque vous avez bien voulu traiter favorablement un projet de colonisation algérienne, la colonisation par département, projet auquel se rattache mon nom, permettez-moi de me servir en sa faveur de votre publicité. La chose en vaut la peine, vous l'avez reconnu vous-même, et si nous parvenons à inoculer dans notre pays la fièvre de la colonisation algérienne, nous aurons accompli un devoir patriotique.

Un village algérien par département français! cela fera sourire les incrédules. Eh bien! je leur dirai que la colonisation ne s'est jamais faite, en aucun temps et dans aucun lieu, autrement que par affinité locale. Ouvrez l'histoire grecque. Certes, la Phocide, la Corinthie, l'Argolide, l'Attique, n'étaient guère plus considérables en étendue et en population que le moindre de nos départements. Elles ont pourtant peuplé de leurs colonies, non-seulement l'Asie-Mineure, mais encore tous les rivages des mers intérieures. Comment l'ont-elles fait? Corinthe demandait-elle un secours de peuplement à Athènes, ou Athènes à Mégare, Mégare à Argos? Au contraire; chacune de ces villes se montrait aussi jalouse de suffire à sa propre colonisation qu'un de nos bourgeois se montre jaloux d'avoir à lui tout seul sa maison de campagne ; et les démêlés des villes métropolitaines grecques, avec leurs colonies prospères ou émancipées, ne sont pas un des moindres attraits de l'histoire hellénique.

Nous-mêmes, quand le mouvement des croisades nous eut rendu maîtres de la Syrie, est-ce que les populations émigrantes dont fut formé le royaume français de Jérusalem se mêlèrent au hasard? Nullement : les croisés devenus colons se rangèrent chacun sous la bannière de leurs seigneurs respectifs, d'où est resté le mot de *baronnie*. Il en fut de même en Morée, où notre établissement colonial se maintint durant trois siècles. Si l'on eût colonisé ainsi le Canada et la Louisiane, où les plus beaux noms de France avaient émigré, qui sait si la Louisiane et le Canada ne seraient pas encore aujourd'hui possessions françaises?

Ne trouverions-nous pas encore les vestiges de cette colonisation par affinités locales jusque dans ces magnifiques contrées de la Nouvelle-Angleterre, la plus belle étoile de l'Union, où le nom de chaque centre colonial est le même que celui de la province métropolitaine dont il était issu?

Ainsi, vous le voyez, l'idée des villages départementaux pour l'Algérie est vieille comme l'histoire même de la colonisation. C'est tout au plus une application nouvelle d'un vieux principe, consacré par des expériences fécondes.

L'application de ce vieux principe au peuplement de l'Algérie est-il devenu nécessaire?

Jusqu'ici la colonisation de l'Algérie, sauf exception, a été livrée aux concessions individuelles. Qu'a produit ce mode de colonisation? Rien, et même pis que rien.

Ce système des concessions individuelles est donc mauvais en soi. A côté des colons impuissants, nous voyons les soldats mener à fin des travaux admirables qui nous ont fait croire à la prospérité prochaine de l'Algérie. Pourquoi les colons ont-ils échoué là où les soldats réussissaient? C'est que ceux-ci attaquaient le sol rebelle par des efforts d'ensemble, quand ceux-là ne pouvaient l'attaquer que par des efforts isolés.

En effet, que voulez-vous que fasse un colon tout seul au milieu de la plaine de la Mitidja ou de la plaine de la Seybouse? Le mûrier, par exemple, vient admirablement dans ces régions; plantera-t-il des mûriers? Mais, outre le danger toujours menaçant de la dévastation des Arabes, que fera-t-il de sa récolte? Sera-t-elle assez importante pour qu'une magnagnerie s'établisse à côté de lui? Il ne plantera pas de mûriers précisément parce qu'il sera seul à en cultiver. Ainsi du reste.

Voici donc le premier point acquis : la colonisation ne peut réussir que par efforts combinés et d'ensemble; elle s'épuise inutilement par des efforts isolés.

Maintenant, le système des villages départementaux est-il le meilleur mode de colonisation collective? Je le crois, et j'en ai donné en commençant la preuve historique.

En outre, il a pour tous les esprits sensés et moraux l'avantage d'enlever les destinées de la colonisation africaine à la spéculation financière qui en sollicite le monopole.

Certes, ce n'est pas moi qui nierai les immenses services qu'a rendus et que peut rendre la spéculation financière dans les entreprises d'intérêt matériel. En Algérie même, elle a un beau champ où s'exercer : des mines et des forêts à mettre en exploitation, des chemins de fer à ouvrir, des fabriques à construire, des cultures industrielles même à entreprendre. Il y a tel village, comme Mouzaïa, construit par une compagnie de mines, où l'on peut loger quatre cents familles au sein de douze hectares de jardins et de prairies et de huit mille pieds d'oliviers greffés. C'est là certainement un service rendu à la colonie; mais quel avantage en peuvent espérer les colons qui iront s'établir à Mouzaïa au compte de la Compagnie?

Qu'on ne l'oublie pas, la première nécessité de toute colonisation, c'est de profiter non pas à ceux qui la font faire, mais seulement à ceux qui la font. En matière de colonisation, c'est la sueur qui doit rapporter et non pas l'argent. C'est le système de ces hardis pionniers américains de l'ouest, qui n'ont pas eu besoin, eux, de l'intervention des capitaux parasites pour fertiliser tout un continent.

Le colon qui défriche n'aime pas à se dire à chaque instant qu'il travaille *tout seul* de compte à demi pour un seigneur ou pour une Compagnie. C'est ce sentiment qui, dans le Canada, où la colonisation était organisée par fief, dégoûta peu à peu des cultures, pour les livrer aux aventures de la chasse dans les forêts et sur les lacs, ces hardis batteurs d'estrades français qui tinrent pendant six ans en échec toute la puissance de l'Angleterre en Amérique.

Les colons véritables, c'est-à-dire ceux qui s'établissent définitivement sur le sol conquis par leurs efforts, ne consentiront jamais à partager le bénéfice de la colonisation avec une Compagnie financière, pas plus que leurs devanciers du Canada ne voulurent consentir à les partager avec leurs seigneurs; en un mot, ils n'entreprendront jamais la colonisation *à fermage*.

Cependant, il faut des capitaux pour coloniser : où les prendre ?

Je l'ai déjà dit : les villages départementaux en Algérie devraient être déclarés entreprise d'utilité publique. Or, il n'y a que le gouvernement, secondé par les conseils généraux, qui, après la déclaration d'utilité publique, puisse prendre la responsabilité de cette grande fondation. Et voilà pourquoi c'est au gouvernement et aux conseils généraux que je m'adresse.

J'ai parlé des centimes additionnels qu'on pourrait affecter à la colonisation de l'Algérie. A cela on objecte que les communes ont déjà leurs besoins pressants auxquels elles ne peuvent suffire qu'en se taxant elles-mêmes extraordinairement. J'ai répondu que ces besoins dont on parlait devenaient de jour en jour moins pressants; que les chemins vicinaux étaient à peu près achevés; que les maisons communales et les presbytères étaient construits jusque dans le moindre village; que, si on se saignait un peu pour solder les traitements du curé et du maître d'école, c'était parce qu'on ne voulait pas toucher aux fonds départementaux déposés à la Caisse des dépôts et consignations et qui grossissaient inutilement la dette flottante. Vous ne voulez point détourner les centimes additionnels de leur destination spéciale au profit de la colonisation, soit ; prenez alors les fonds de réserve déposés au Trésor (1).

Encore une fois, les voies et moyens de réalisation

---

(1) Les fonds des communes et établissements publics, non compris la ville de Paris, placés en rentes sur l'Etat se montent à (compte arrêté au 31 octobre 1852) :

1. Capitaux . . . . 99,805,839 fr. 80 c.
2. Intérêts à 3 p. 0/0. 2,878,461   61

Total . . 102,684,301 fr. 41 c.

des villages départementaux ne doivent pas un instant faire hésiter le gouvernement. Si le projet est bon, il n'y a pas qu'un moyen de réalisation, il y en a cent, y compris les contributions volontaires, telles qu'elles se pratiquent en Angleterre.

Une objection plus grave se présente au seuil même du projet réalisé. Les colons, une fois établis, auront besoin d'une avance de capitaux. Comment obtiendront-ils cette avance? C'est précisément cette difficulté qui avait donné l'idée d'une grande Compagnie financière présidant à la colonisation. Mais, nous avons fait voir les inconvénients radicaux qu'aurait pour la colonisation cette institution financière.

Cependant, il est certain qu'on ne pourrait non plus appliquer aux colons qui n'ont pas encore mis leur propriété en valeur les bénéfices du crédit foncier tel qu'il est institué pour les propriétés déjà fécondées de la métropole.

On avait pensé à ouvrir, en faveur des colons, des *comptes courants* de crédit, à mesure de la production. Mais comment contrôler la valeur et surveiller les travaux à des distances où tout moyen d'inspection et de contrôle ferait défaut? On sourira peut-être si je dis que la solution de cette difficulté se trouve encore dans l'organisation des villages départementaux. Cela est pourtant, et je le prouve.

Les Romains donnaient une action plus vigoureuse à l'institution des municipes à mesure qu'ils s'établissaient dans une contrée plus isolée ou plus lointaine. C'était là tout le secret du succès de leurs colonisations. Faisons comme eux en Algérie. Donnons aux conseils municipaux des villages algériens une autorité qui leur confère le droit de contrôle et de surveillance sur leurs administrés. Sous leur responsabilité, on pourra sans risque faire des avances de fonds aux colons dont le travail servira de garantie. Les conseils municipaux algériens peuvent seuls surveiller efficacement l'emploi des comptes courants de la colonisation.

L'aspect de l'Algérie, tel qu'il existe aujourd'hui au point de vue de la colonisation, vous fera mieux comprendre encore la nécessité de la création immédiate des villages départementaux. Les rares colons qui se sont aventurés jusqu'ici en Algérie (ils sont en tout cent trente-six mille), voyant l'inutilité d'une exploitation isolée dans l'intérieur du pays, où ils n'auraient trouvé ni échange ni consommation, ces deux aliments de la production, se sont massés sur le littoral autour des villes, et se sont à peu près exclusivement livrés au jardinage. En vain le gouvernement a édifié une douzaine de beaux villages dans l'intérieur, parfaitement installés et outillés; ces villages ne se sont qu'imparfaitement peuplés, précisément parce qu'on y offrait une place aux premiers survenants.

Ainsi, à côté de jardins admirablement entretenus et de maisons de campagne dignes des villas italiennes, vous trouvez une terre dépeuplée et déserte. L'arbre, le signe universel de la propriété, le symbole éternel de la famille, l'arbre disparaît, et son absence fait d'une terre féconde un désert aride et marécageux. Partout où l'Arabe nomade a passé, l'incendie a dévoré toute trace de végétation, l'incendie, dont la cendre doit servir d'engrais à la semaille d'une saison. Pour rendre au sol algérien sa fertilité traditionnelle, il ne faudrait que le reboiser. L'arbre est le conducteur de l'humidité atmosphérique et le régulateur des sources; c'est lui qui assainit l'atmosphère, en s'assimilant, pour ainsi dire, les humeurs de la terre. Donnez-moi quarante mille colons exclusivement occupés à planter des arbres, je leur garantis une fortune au bout de la cinquième année.

Mais qui plantera des arbres en Algérie? Est-ce le colon isolé que son isolement décourage avant que la semaille soit devenue récolte? Non. Il n'y a que le grand-père au seuil de la tombe et l'enfant au seuil de la vie qui aient le culte de la végétation. L'arbre devient ainsi un gage de solidarité sainte qui lie une génération à l'autre. C'est bien en vain qu'on cherchera la base d'une colonisation durable en dehors de la famille, et c'est bien en vain aussi qu'on cherchera à attirer la famille en Algérie en dehors de la colonisation par affinités locales. Une famille qui émigre peut bien ne pas chercher à savoir où on la mène; mais à coup sûr elle n'oubliera jamais de s'informer qui elle trouvera au terme de son émigration. Ces belles familles allemandes, qui partent tous les ans par milliers vers les régions ignorées de l'Amérique, ne savent pas toujours ce qu'elles cherchent; mais elles partent ensemble, l'enfant au dos de sa mère, le père s'appuyant sur l'épaule de son fils : cela suffit; elles ne regrettent rien derrière elles.

Mais voilà que je me suis laissé aller à vous démontrer les avantages des villages départementaux, quand je m'étais promis de ne vous en indiquer que les possibilités..

Agréez, Monsieur, etc.

FRANÇOIS DUCUING.

IV.

Les sources financières où je conseille de puiser sont les *centimes additionnels* qui se décomposent ainsi :

1° Départementaux	86,125,550 fr.
2° Communaux	48,448,000
3° Sans affectation spéciale....	12,786,500
4° Pour fonds de non valeur...	6,470,771
Soit ensemble..........	153,830,821 fr.

Tels sont les chiffres que donne pour les centimes additionnels, formant l'impôt local, le compte des finances réglé au 31 octobre 1852.

Examinons maintenant les exigences de la colonisation, telle que je la propose :

L'installation de 300 familles par département (non compris la Seine et la Corse) à raison de 5,000 fr. par colon, cela coûterait 75,600,000 fr.

Si donc l'on appliquait à la colonisation *tout* le service des centimes additionnels, ce ne seraient plus trois cents familles par département qu'on pourrait installer dans une seule année en Algérie, mais bien *six cents*, et sans que l'Etat eût à distraire un centime du service général.

Si, au contraire, on ne prenait des centimes additionnels que les deux derniers chapitres, soit ensemble 20 *millions*, ce seraient 55 millions que l'Etat aurait à fournir.

Mais il est bien entendu que la dotation des villages départementaux se répartirait sur trois années. On obtiendrait ainsi sur les deux derniers chapitres des centimes additionnels 60 millions, et l'Etat n'aurait à débourser que 15 millions en trois ans, c'est à dire un peu moins qu'il ne donne aujourd'hui au service de la colonisation algérienne.

En prenant dans les centimes additionnels le chapitre *départemental*, c'est-à-dire 86 millions, non seulement l'installation des villages départementaux se trouverait soldée dès la première année sans que l'État eût rien déboursé, mais il resterait encore un excédant de 11 millions pour besoins imprévus.

Ainsi donc, sans toucher aux centimes *communaux*, c'est-à-dire au service de la petite vicinalité, on voit d'un seul coup-d'œil combien l'application de l'impôt local à la colonisation de l'Algérie rendrait facile l'installation des villages départementaux sans nouvelle dépense pour l'État ; je dis même avec une économie certaine, puisque la dotation actuelle fournie par l'État à la colonisation se monte à plus de six millions par an, et sans aucun résultat efficace.

On voit, par les détails qui précèdent, que pour une entreprise nationale où notre avenir est si puissamment intéressé, la France est assez riche pour pouvoir la mener à fin sans se gêner. Il n'y a qu'à vouloir et à savoir disposer de ses ressources dans un but utile et grand.

V.

Les Florides venaient d'être cédées à l'Angleterre. Un brave homme nommé Thornbull entreprit de peupler leurs terres sablonneuses et désertes. Voici comment il s'y prit : — Jetant les yeux sur la carte du vieux monde, il chercha le peuple le plus malheureux. Justement, la Grèce épuisait en ce moment ses dernières forces contre le Grand Turc, son éternel oppresseur. Thornbull part avec un grand convoi de transport. Arrivé sur le rivage achéen, il bat aussitôt le ban de l'émigration coloniale. La foule accourt et se presse : les jeunes gens vigoureux et dispos se présentent les premiers. Mais ils venaient seuls, isolés : Thornbull les repousse. Après eux, arrivent des vieillards déjà impotents, traînant toute une couvée de veuves éplorées et d'enfants orphelins : Thornbull les accueille, leur fait fête et les enrôle; c'était la famille!! Les jeunes gens ne sont engagés que les derniers; et encore, faut-il qu'ils justifient de leur parenté avec les familles enrôlées.

C'est ainsi que Thornbull infusa la vie coloniale dans les Florides, une terre ingrate et stérile pourtant. Et l'Angleterre n'a pas élevé une statue à ce grand homme modeste et ignoré !

Souvenons-nous de Thornbull; et procédons à la colonisation de l'Algérie comme il a procédé à la colonisation des Florides. La famille d'abord ! c'est le fondement et la clef de voûte de tout édifice colonial. Sans elle, tout restera précaire, et le peuplement ne sera jamais qu'une de ces alluvions qu'un courant apporte et qu'un autre courant emporte.

Faisons ce triage de population que faisait Thornbull. Dans cette levée en masse de la colonisation qu'entraînera certainement l'adoption du projet des villages départementaux, admettons, avant tout, le père de famille; après lui, l'homme marié. Le colon qui se présente avec des ressources pécuniaires ne doit venir qu'après.

Limitons à trois cents familles par département le contingent de chaque groupe colonial ; je suis assuré que les cadres seront remplis, dans tous les départements, dès la première année, et qu'on pourra même faire le triage dont je parlais tout-à-l'heure.

Cette première liste de la colonisation une fois close, les engagés ne seraient expédiés en Algérie qu'une année après leur engagement. Cette année serait consacrée à choisir l'emplacement qui convient le mieux à chaque groupe, à lever le cadastre, à ouvrir les routes de ralliement, à construire les habitations et à faire exécuter, par les compagnies disciplinaires, les premiers travaux de défrichement. On y pourrait également employer avec succès les Catalans d'Afrique, fort experts en ces travaux. Pendant ce temps, les engagés réaliseraient leurs ressources métropolitaines; ils recevraient tous les renseignements et toutes les instructions propres à leur donner une connaissance plus ou moins exacte des localités qu'ils seraient appelés à exploiter, de la nature des terrains et de leurs propriétés de culture, des précautions à prendre contre le climat, de leurs obligations et de leurs droits comme colons. Ils recevraient tous les mois un bulletin pareil à celui que le comité de colonisation publie à Londres sous le titre de: *Colonization circular*.

On a calculé, en moyenne, à 4,500 fr. l'établissement de chaque colon installé isolément en Algérie. Cette moyenne peut être facilement réduite à 3,000 fr. pour le colon pris collectivement, comme je le prouverais si j'étais appelé à faire le devis de la colonisation départementale.

L'application de l'armée d'Afrique aux travaux publics, commencée avec tant de succès par l'illustre maréchal Bugeaud, a déjà produit des résultats merveilleux : elle en produirait de plus merveilleux encore si, au lieu de servir aux intérêts d'une colonisation précaire et fragmentée, l'armée avait à seconder les développements d'une colonisation puissante et d'ensemble.

Sur la part fournie par l'État à la dotation des villages départementaux, il faudrait compter pour beaucoup les travaux exécutés par les soldats au profit des colons. Il ne faudrait plus parler alors de la réduction de l'armée d'Afrique; on en viendrait plutôt à souhaiter son accroissement.

Dans certains départements, les centimes additionnels seuls combleraient toute la dotation du colon. Dans les départements plus riches même, cette dotation serait surabondante, ce qui permettrait à l'Etat de transporter l'excédant au groupe colonial d'un département pauvre.

J'ai parlé des enfants trouvés. D'après les statistiques officielles on en pourrait distribuer au moins 8,000 tous les ans entre les divers villages départementaux. Leur dotation serait fournie par les hôpitaux correspondants, au même titre et aux mêmes conditions que la dotation des départements. Cette mesure, d'ailleurs, serait parfaitement logique et équitable.

Le conseil municipal du village départemental serait naturellement à la nomination du gouvernement. Le maire ferait fonctions de juge-de-paix et de commissaire de police.

Les primes qu'on donne en France à l'élève des animaux seraient doublées pour le colon d'Afrique. On y joindrait une prime de plantation, comme je l'ai indiqué plus haut.

La contenance des lots de propriété serait de 10 hectares par chaque colon, lequel serait tenu à une prestation spéciale pour l'entretien des biens communaux.

A chaque centre de population serait alloué un territoire de parcours pour les troupeaux, suivant les convenances de la localité.

La commune pourrait être expropriée plus tard d'une portion de ses biens communaux suivant que l'Etat et le département jugeraient nécessaire d'augmenter le peuplement d'un groupe colonial.

Pour toute fourniture d'alimentation publique, à prix égal, le colon obtiendrait la préférence sur tout autre fournisseur.

Après la quatrième année de domicile, le colon serait exonéré de toutes les charges, mais aussi dépouillé de tous les priviléges du concessionnaire. Il rentrerait dans le droit commun.

Tous les legs et toutes les donations particulières, ainsi que les souscriptions publiques, seraient autorisés au profit des villages départementaux de l'Algérie.

Les villages départementaux seraient mis sous la haute direction d'une commission permanente qui, après avoir présidé à leur installation, veillerait à leur prospérité et centraliserait les intérêts des villages départementaux vis-à-vis de l'État.

Reste la question d'emplacement. Cette question est fort complexe et assez difficile à résoudre, à cause de l'état de confusion où d'innombrables titres de propriété ont mis le cadastre de l'Algérie. Sans doute, les propriétés du Domaine sont immenses, mais il se peut faire que ces terres ne soient pas toujours l'emplacement le plus avantageux pour un centre de population. Cette question des titres de propriété devrait donc être préalablement résolue par la commission chargée de choisir l'emplacement des villages départementaux.

Il se passera longtemps avant que les colons européens puissent lutter contre les indigènes pour la production des céréales et des troupeaux. Cela se conçoit aisément. L'Arabe ne fait que gratter la terre, et le blé pousse; l'année suivante, il sème plus loin, et la récolte est aussi riche. Si la terre qu'il choisit ne lui semble pas assez grasse, il y met le feu, et les cendres de la végétation servent d'engrais à la semaille.

Le colon européen ne peut ni changer de terre à volonté ni incendier le sol pour faire la récolte plus belle. Quoique ses procédés de culture soient incontestablement meilleurs et plus féconds, il restera donc, pendant quelque temps du moins, dans un état d'infériorité marqué vis-à-vis de l'indigène pour la production des céréales. Il en sera de même pour la production des troupeaux. Le colon n'aura pas, comme l'Arabe, ces immenses territoires de parcours du Sersous et du Sahara où croit le *halfa* succulent et parfumé, si favorable à la race ovine.

Mais où le colon trouvera une source inépuisable de prospérité, c'est dans les cultures proprement dites industrielles : le tabac, la cochenille, toutes les plantes tinctoriales, le coton, la soie, l'huile, le jardinage et les fruits secs, la figue par exemple, cette datte des pays tempérés, la vigne dont nos soldats de Tlemcen ont obtenu un vin excellent.

Jusqu'à preuve contraire, je crois que la province d'Afrique qui convient le mieux à nos colons, la seule peut-être qui leur convienne absolument, est la province de Constantine, où du reste le Domaine est plus maître du sol que dans les deux autres provinces.

Quant au classement des villages, il serait plus facile à faire que l'allotissement des propriétés. On installerait la population des départements industriels plus près du rivage, c'est-à-dire à proximité des villes, aux embouchures de rivière ; la population des départements agricoles, dans le Tell, dans cette région moyenne si favorable aux cultures de toute sorte et abritée par l'Atlas. On choisirait pour la population de nos départements des Pyrénées et des Alpes, les vallées intérieures où croissent les herbages et où l'irrigation créerait des merveilles, les vallées de la Summam et du Sébaou dans la Kabylie, par exemple.

Je n'ai pas épuisé tous les arguments qui militent pour l'adoption du projet ici formulé, mais j'en ai dit assez, je crois, pour en faire apprécier toute la praticabilité et tous les avantages.

De tous les problèmes qui agitent la société actuelle, l'émigration est celui qui mérite le plus de fixer l'attention des hommes d'État. Il semble que les progrès apportés à la viabilité ne se soient accomplis que pour donner un stimulant de plus à ce besoin de locomotion qui pousse en ce moment la race humaine tout entière au dehors de ses patries respectives. L'imagination s'effraie et s'émerveille en même temps à compter l'énorme quantité d'hommes qui se déplacent tous les ans hors d'Europe. En Irlande seulement, l'émigration coloniale prend son contingent annuel par cinq cent mille têtes. La navigation des ports de Brême et de Hambourg s'alimente exclusivement par les passagers coloniaux de l'Allemagne. Nous-mêmes, le peuple casanier par excellence, nous voici atteints déjà de cette fièvre de l'émigration; nos départements du Centre et du Midi livrent à l'Océan plus de dix mille passagers; et le nombre s'en accroît d'année en année.

Où vont-ils, et quand reviennent-ils, ces voyageurs de la nécessité? Voyez-les sur tous les chemins du monde, ces innombrables déshérités que le besoin pousse hors de notre sol! Ils emportent avec eux, croyez-le bien, le regret de la patrie; et ce regret ineffable nous les ramène presque toujours avant qu'ils aient pu cueillir le fruit d'or qui les attirait à sa poursuite.

Offrez-leur un coin de terre qui leur rappelle la patrie, et vous les y verrez tous accourir comme un essaim d'abeilles dispersées par l'orage.

L'Algérie est la terre promise où les guide la Providence. Ouvrez-leur cette voie de la rédemption, et bientôt ils presseront sur leurs lèvres altérées les raisins de Chanaan, en bénissant Dieu et la patrie! Alors, la nouvelle France sera fondée!

VI.

Il est une dernière considération que je ne puis m'empêcher de toucher en finissant, au point de vue de l'urgence de mon projet. — Nous avions perdu vers l'Orient la route que s'y étaient ouverte nos pères : vainement Dupleix avait tenté de la reprendre par la conquête de l'Inde, et Bonaparte par la conquête de l'Egypte. Qui sait si ce n'est pas la Providence, plus vigilante que nous de nos destinées futures, qui nous a conduits comme par la main sur le rivage barbaresque? L'Algérie, en effet, c'est la route de l'Orient retrouvée, sinon encore reconquise. Ce grand bassin méditerranéen, qui est l'entrepôt d'alimentation de toute l'Europe, et dont un des battants d'écluse est à Toulon, ce bassin sera-t-il enfin un lac français? L'autre battant d'écluse, que Bonaparte cherchait à Alexandrie, se trouve-t-il à Oran, où le vent pousse irrésistiblement tous les navires qui passent le canal de Gibraltar? Je le crois. Mais, pour pouvoir ouvrir et fermer à notre gré cette écluse, il nous faut absolument un point d'appui dans l'intérieur de l'Algérie, et ce point d'appui, la colonisation par la famille peut seule nous le donner.

Il y a une éventualité qu'il faut toujours prévoir, c'est la guerre. Qu'arriverait-il aujourd'hui de l'Algérie, si un nouvel Aboukir venait nous isoler de la mer? Sans doute, l'armée d'Afrique repousserait facilement un coup de main. Mais enfin, si ses communications avec la métropole se trouvaient interceptées par une flotte ennemie, maîtresse de la mer, ne serait-elle pas obligée de capituler sans combat, faute de moyens d'alimentation?

Au contraire, supposez l'Algérie pouvant s'alimenter par ses propres ressources, et elle brave les longs blocus aussi bien que les surprises.

Le système des bateaux à vapeur change toutes les conditions de la guerre maritime, du moins dans les mers intérieures. Or, par la force même des choses, nous aurons une marine à vapeur formidable, le jour où l'Algérie sera entrée dans sa voie de prospérité.

Pour en arriver là, la France doit s'imposer tous les sacrifices, et se presser encore!

Tout les journaux de Paris dont les noms suivent, le *Journal des Débats*, le *Constitutionnel*, le *Siècle*, l'*Assemblée nationale*, la *Patrie*, l'*Union*, la *Gazette de France*, le *Pays*, l'*Estafette*, la *Revue de l'Orient et de l'Algérie*, l'*Agriculture*, etc., ont plus ou moins approuvé le projet des villages départementaux.

LE JOURNAL DES DÉBATS.

« Divers journaux ont annoncé, d'après l'*Akhbar*, la prochaine réalisation des villages départementaux en Algérie. Nous ne savons jusqu'à quel point 'Akhbar a été bien informé sur les intentions du gouvernement à cet égard; mais si les villages départementaux étaient décrétés, il en résulterait certainement un mouvement considérable dans la colonisation de l'Algérie.

» L'idée des villages départementaux, dont M. Fr. Ducuing s'est fait le propagateur le plus actif, consiste à prendre dans chaque département un contingent de colons volontaires et à l'installer en Afrique en centre de opulation distinct, conservant son appellation départementale. Cette idée est plus ingénieuse, assurément, que rationnelle; mais c'est pour cela qu'elle a plus de chances de se populariser en France.

» Dans tous les cas, selon M. Ducuing, elle aurait au moins l'avantage, sur les autres projets de colonisation, de substituer aux efforts individuels, impuissants jusqu'ici, des efforts collectifs et d'ensemble, nécessaires pour triompher du sol fécond mais rebelle de l'Afrique.

» En effet, M. Fr. Ducuing calcule que les villages départementaux fourniraient 40,000 colons à l'Afrique dès la première année, sans compter les enfants trouvés, dont 8,000 au moins pourraient être répartis tous les ans dans les villages départementaux.

» En calculant à 3,000 fr. les frais d'installation et d'établissement par chaque colon, cela ferait une dépense de 120 millions. Où trouver, où prendre du moins cette somme énorme? M. Fr. Ducuing voudrait que les villages départementaux fussent considérés comme une entreprise d'utilité publique, et que par conséquent les conseils généraux affectassent les centimes additionnels de leur département respectif au service de cette entreprise nationale. Pour le surplus, les souscriptions individuelles recueillies par les sociétés de bienfaisance, comme cela se pratique dans les sociétés pour la propagation de la foi, et les secours et subventions de l'Etat compléteraient le capital à réaliser.

» D'ailleurs, sur cette somme de 120 millions, une grande partie se consommerait en nature, c'est-à-dire qu'il n'y aurait pas d'argent à débourser. Ainsi, pour les défrichements et les rentes, les défrichements, très longs et très difficiles en Afrique, devraient être faits, selon nous, avant l'installation des colons, par les compagnies disciplinaires de l'armée, qui ont déjà doté l'Afrique de travaux admirables en ce genre. Une partie de l'armée serait également employée en travaux de route, et le train et le génie militaires en travaux de transport et de construction.

» Il y aurait, c'est la conviction de l'auteur du projet, affluence dans chaque département parmi les volontaires de la colonisation. On pourrait choisir conséquemment, et choisir sinon toujours les colons qui offriraient le plus de ressource, au moins ceux qui offriraient le plus de garanties d'émulation et le plus de surface, c'est-à-dire les hommes mariés ayant une famille. On introduirait ainsi un élément de moralité dans le succès même.

» Quant au choix des lieux à coloniser, ce choix serait remis à une commission d'inspecteurs et d'agronomes qui affecteraient à chaque centre de population les terrains qui correspondraient le mieux aux habitudes de culture de la population émigrante. Ainsi, aux populations des départements montagneux, habituées aux irrigations et aux nourrissages, on pourrait donner les vallées intérieures de l'Atlas et de la Kabylie abondantes en pâturages; aux populations du Nord, habituées aux cultures industrielles, les lieux les plus rapprochés de la mer, aux embouchures de rivières, etc.

» Tel est, en substance, le projet que M. Fr. Ducuing a développé à plusieurs reprises et qu'il reprend aujourd'hui. Si ce projet n'a pas encore été adopté par le gouvernement, comme le prétend l'*Akhbar*, il mérite au moins son attention sérieuse. Rien de ce qui touche à l'avenir de la colonisation africaine ne saurait lui être indifférent.

» ARMAND BERTIN. »

LE CONSTITUTIONNEL.

« La colonisation de l'Algérie est le but d'innombrables études. On a lancé dans la circulation une multitude de systèmes plus ou moins réalisables, une foule d'idées plus ou moins judicieuses. C'est le devoir de la presse d'examiner ces systèmes, de scruter ces idées, et de faire la part de l'erreur et de la vérité. Nous n'hésitons point pour notre part à ouvrir nos colonnes à un projet dont un publiciste distingué, M. F. Ducuing, s'est fait depuis longtemps le promoteur ardent et convaincu. Nous voulons parler de la création de villages fondés, peuplés et subventionnés par nos divers départements.

. . . .
. . . .

» Il suffirait, en effet, nous le croyons, de donner le signal en France, pour déterminer un mouvement national en faveur de l'Algérie. Chaque département, agissant par son conseil général, y voudrait fonder un village et y enverrait le trop-plein de sa population. Une partie des centimes additionnels pourraient être consacrés à cet objet. L'administration dirigerait ces efforts collectifs, et l'on verrait ainsi, en peu de temps, se multiplier des centres de populations européennes sur le sol algérien.

» La création des villages départementaux présente un avantage sur lequel il est inutile d'insister longuement. Quand on veut actuellement peupler un village ou un hameau, on y réunit trop souvent des colons qu'aucun lien ne rattache les uns aux autres. Des hommes du nord se trouvent mêlés à des méridionaux. Mœurs, coutumes, méthode de culture, et même parfois langue et religion, tout est différent entre eux. Une telle agglomération ne peut, qu'au bout d'un laps de temps considérable, former un tout homogène, compact et résistant. On voit parfois ces populations factices se diviser et se dissoudre, pour ainsi dire, sous l'influence des divisions intestines qui les travaillent. Pour des Français en pays étranger, le plus grand péril, le plus grand malheur, c'est le découragement, c'est la nostalgie, c'est le désespoir. Le découragement, la nostalgie, le désespoir sont aisément engendrés au milieu de villages naissants, peuplés de gens qui ne se connaissent point et qui sont souvent séparés par leurs préjugés comme par leurs usages.

» Avec les villages départementaux ces inconvénients disparaissent. On aura des communes d'Alsaciens, de Flamands, de Normands, de Bretons, de Provençaux, de Languedociens. Les colons porteront avec eux, sous le ciel africain, leurs mœurs et leurs coutumes. Ils donneront à leurs villages des noms de pays qui leur rappelleront la terre natale. Compatriotes, ayant les mêmes idées, imbus des mêmes principes, unis par la parenté des habitudes à défaut de celle du sang, ils se sentiront bien plus forts, bien plus résolus, bien plus opiniâtres au milieu des fatigues et des dangers de la colonisation.

» Qu'on y prenne bien garde, d'ailleurs. C'est par des procédés analogues que la France, de tout temps, a colonisé. Quand nos aïeux eurent conquis la Terre-Sainte à la pointe de l'épée, ils y installèrent une France nouvelle. Chaque baron y fit venir des vassaux de ses terres, qui fondèrent des villages où se parlait la langue, où revivaient les usages, où l'on retrouvait les noms de la patrie absente. Les chevaliers français qui, à la suite de la prise de Constantinople, reçurent en partage la terre antique des Hellènes, et qui y dominèrent pendant près de trois siècles, agirent de même façon. Les principautés franques de la Grèce reproduisirent nos provinces, nos villes, nos villages. Sous Louis XIV, le Canada fut ainsi peuplé. La Normandie surtout y envoya des groupes de colons, fournis par les principaux centres agricoles, qui eurent pour ainsi dire des succursales sur le sol américain. Encore aujourd'hui, après tant de vicissitudes, et malgré la domination anglaise, le voyageur y retrouve les dénominations, les mœurs de nos cantons ruraux de la province normande. Enfin les Espagnols et les Anglais, en colonisant le Nouveau-Monde, ont eu recours à des moyens tout semblables. Les enseignements de l'expérience suffisent pour démontrer qu'il y a là une idée pratique et féconde et pour déterminer le gouvernement de Napoléon III à seconder de tout son pouvoir la création des villages départementaux en Algérie.

HENRY CAUVAIN.

LE PAYS.

« La plupart des journaux de Paris et de province ont reproduit ou commenté la lettre de M. F Ducuing à l'honorable M. de La Guéronnière, sur les villages départementaux en Algérie. Nous ne connaissons pas de projet qui ait jamais été accepté avec une pareille unanimité et une telle spontanéité. On peut donc désormais considérer les villages départementaux en Algérie comme parfaitement acclimatés dans l'opinion publique en France. Reste l'application.

» Pour ceux qui ne voient que le résultat d'un projet, le plan de M. Fr. Ducuing a quelque chose de séduisant et d'admirablement populaire. C'est, au bout d'une année, l'Algérie peuplée de quarante mille colons actifs et laborieux. Ce sont des routes ouvertes, des champs défrichés, des arbres signalant partout les limites de la propriété en voie de fécondation. C'est le grand courant de l'émigration dirigé sur l'Algérie et répandant l'abondance partout sur son passage. Ce sont nos départements délivrés tout naturellement de leur population flottante et malheureuse. C'est la propagande algérienne s'emparant de la France entière, depuis les bureaux des sociétés de bienfaisance du canton jusqu'aux bureaux de la mairie du village. Ce sont les souscriptions volontaires venant en aide aux fonds votés par le pouvoir public pour le succès de cette œuvre immense et providentielle du peuplement de l'Algérie.

» Cette œuvre est digne au plus haut degré de la sympathie élevée que le gouvernement de l'Empereur accorde à toutes les idées utiles. Le pays, encore une fois, est parfaitement préparé à la mise en œuvre de cette entreprise. Nous n'en voulons d'autre preuve que le succès qui a, dans toutes les opinions et dans toutes les localités, accueilli le travail de M. Fr. Ducuing. Déjà même on en sollicite l'application partielle, et nous apprenons que des hommes considérables sont en instance auprès du gouvernement pour obtenir l'autorisation d'installer en Algérie, ceux-ci un village breton, ceux-là un village normand.

» Cela prouve que l'idée de M. Ducuing est mûre. Comme l'a dit l'auteur lui-même, le moment est on ne peut plus favorable pour cette grande tentative. Toutes les sources de la prospérité sont ouvertes, la confiance dans l'avenir est immense, et cette confiance donne au gouvernement de l'Empereur une force d'impulsion irrésistible.

» Que l'on songe bien que nous fournissons à l'étranger chaque année un contingent de plus de trente mille émigrants; que les Pyrénées seules en fournissent près de dix mille aux lointaines et incertaines contrées de l'Amérique du Sud. Il est temps d'utiliser au profit de l'intérêt national ces grandes forces de production qui s'égarent et se perdent, faute de direction. L'Algérie est le foyer où elles peuvent se concentrer et se développer utilement. Mais il ne faut pas les y pousser au hasard, si l'on ne veut les voir s'annihiler là comme ailleurs.

» Le projet de M. F. Ducuing offre un moyen intelligent destiné à classer ces éléments épars de colonisation à mesure qu'ils se produiront dans la masse émigrante. Chaque colon nouveau saurait, à ne pouvoir s'y méprendre, où se trouverait son milieu social, son centre d'action et son but de direction. Les villages départementaux seraient, comme disent les Américains, la ruche féconde où se produirait le travail de l'abeille dans ses alvéoles assignées.

» ARMAND VERNETTE. »

L'ASSEMBLÉE NATIONALE.

« Un projet pour la colonisation de l'Algérie s'est produit tout récemment dans la publicité, formulé par un de nos confrères de la presse, M. F. Ducuing. Ce projet mérite la plus sérieuse considération, et sa réussite aurait les conséquences les plus heureuses pour l'avenir de notre colonie d'Afrique.

» Il consiste à recruter dans chacun des quatre-vingt-quatre départements (Paris et la Corse exceptés), un contingent de colons suffisant pour former un village distinct en Algérie, de telle sorte que, le recrutement étant réalisé, l'Algérie se trouverait presque instantanément couverte de quatre-vingt-quatre villages, dont une appellation départementale constaterait l'origine.

M. F. Ducuing est entré dans tous les détails de réalisation du projet qu'il formule. Nous en donnons ici un résumé d'ensemble pour que le lecteur puisse saisir en même temps les avantages et les difficultés de l'entreprise.

. . . .

» L'idée des villages départementaux est vraiment national et digne d'intérêt, et nous félicitons M. F. Ducuing de s'être dévoué avec tant d'ardeur à son succès.

» M. Ducuing ne doute pas, et nous partageons assez son avis, que les cadres de cette colonisation départementale ne se remplissent surabondamment dès la première année. On pourrait donc tirer dans ce contingent de volontaires et choisir par égale part les colons qui se présenteraient avec des capitaux, et ceux qui se présenteraient avec une famille. Mais ces derniers devraient toujours obtenir la préférence.

» Tel est en résumé le projet des villages départementaux en Algérie. Nous y reviendrons avec plus de détail en temps opportun, heureux si nous pouvons contribuer à la prochaine adoption de cette idée féconde.

DE ROBILLARD.

LE SIÈCLE.

« Nous avons, à diverses reprises, appelé l'attention de nos lecteurs sur un projet de colonisation au succès duquel un de nos collègues de la presse quotidienne, M. F. Ducuing, s'est voué avec une louable persévérance; nous voulons parler de la formation de villages départementaux en Algérie.

» M. Ducuing a publié, dans le *Journal des Débats*, une lettre qui a pour but d'élucider cette idée importante. Nous ne croyons pouvoir mieux faire que de citer quelques passages de cette remarquable argumentation. L'idée principale, l'idée pratique de notre honorable collègue consiste à intéresser directement le contribuable français au succès d'une œuvre de colonisation déterminée, qui portera le nom de son département, celui de sa commune ; où seront implantés les mœurs et les usages locaux. M. Ducuing veut que chaque agriculteur sache bien qu'il paie, sous la forme de centimes additionnels, une somme spécialement consacrée à la colonisation algérienne.

» Nous pensons que ce sont-là, en effet, d'excellentes conditions pour le développement de notre belle colonie.

» LOUIS JOURDAN. »

LA PATRIE.

« L'autorisation accordée par le gouvernement pour l'établissement d'une colonie genevoise en Algérie, est un premier pas fait dans la voie des émigrations par village ; système dont nous nous sommes occupé plusieurs fois déjà, et qui offre évidemment des avantages que l'expérience confirmera.

. . . .

» Cette idée de l'installation de villages français en Algérie a été poursuivie avec une louable persistance par M. F. Ducuing, dont nous avons eu occasion de citer d'intéressants travaux à ce sujet. M. Ducuing a publié ces jours derniers, dans le *Journal des Débats*, une nouvelle lettre relative à ce projet, qui se recommande, ainsi que nous l'avons déjà fait remarquer, par une logique basée sur les sentiments humains les plus vulgaires, et sur les principes de la plus sage économie.

» La difficulté, nous le reconnaissons, est dans les mesures à prendre pour l'organisation de ces villages sur le sol algérien ; nous allons citer quelques passages du nouveau travail de M. Ducuing, qui entrent dans des détails très précis à cet égard. Avec l'auteur du projet, nous sommes complètement d'accord sur un premier point, c'est que toute colonisation qui se fait sous l'empire d'une pression, si nous l'osions dire, ou plutôt qui s'entreprend sous la direction d'une puissance supérieure, n'a de chances réelles de succès que dans l'affinité et la sympathie absolue des émigrants entre eux. L'histoire est là pour le prouver d'ailleurs; car nous ne sommes pas le premier peuple qui ait eu des territoires conquis à ranger sous ses mœurs, et à couvrir de population. En tout cas, il est certain qu'à toutes les époques de l'histoire, où il a fallu songer, dans un intérêt politique, comme dans un intérêt commercial et agricole, à entreprendre la colonisation d'un pays, l'affinité des colons entre eux a été la base de toute opération de ce genre.

. . . .

» La pensée de M. Ducuing est, au point de vue général, excellente, pratique, et mérite d'attirer sérieusement l'attention. Reste à savoir si les détails de l'application répondront exactement au but poursuivi, et si les sources financières auxquelles il conseille de puiser pour développer la colonisation sont vraiment les meilleures et les seules capables d'imprimer à cette opération toute nationale l'élan et l'activité qu'elle exige.

» Quoi qu'il en soit, les nuages qui entourent encore les moyens d'exécution n'empêchent pas le projet de colonisation de se présenter sous un jour plein de lumière et de vérité. Du moment où l'idée serait appelée à recevoir sa sanction, les obstacles disparaîtraient et la question de l'avenir de l'Algérie serait en bon chemin. » XAVIER EYMA. »

LA GAZETTE DE FRANCE.

« Le *Journal des Débats* publie une lettre intéressante de M. F. Ducuing sur une question qu'à force de persévérance et d'études, le jeune publiciste a faite presque exclusivement sienne dans ces derniers temps. Depuis plusieurs années, M. Ducuing s'occupe de la colonisation de l'Algérie. Son système, simple comme tout ce qui est vraiment bon, consiste principalement à substituer d'une part l'action départementale à l'action de l'État; de l'autre, la famille à l'individu. En l'une et l'autre partie, l'innovation nous semble excellente.

. . . .
. . . .

» Les quelques extraits que nous venons de transcrire ne sauraient donner une idée complète du système de M. Ducuing. Notre but, en les publiant, a été d'appeler l'attention sur un projet sérieusement étudié, très digne des sympathies du gouvernement et des conseils généraux. La colonisation de l'Algérie tient aux plus grands intérêts de ce temps; le système de M. Ducuing a le mérite de s'appuyer sur le lien de famille, en faisant revivre, autant que la chose se peut, les autres liens qui unissaient les colons dans la mère-patrie. De cette manière, l'Algérie deviendrait véritablement comme une seconde France,

» J. MARIE TJENGOU. »

L'UNION.

Les hommes politiques et les économistes ont vainement cherché, jusqu'ici, à résoudre le problème de la colonisation algérienne. Ce n'est pas à coup sûr, que les plans aient manqué. Dieu sait le nombre des projets de tous genres qui se sont produits tour à tour. Mais de ces projets innombrables, la majeure partie n'a pas même obtenu les honneurs de l'application; d'autres n'ont abouti qu'à d'infructueux essais.

Un seul avait paru présenter, un moment, des chances de succès; nous voulons parler du système des concessions individuelles. L'expérience a montré ce qu'il fallait en attendre. Non-seulement ce système a produit des résultats négatifs, mais encore on peut dire qu'il fut le plus souvent appliqué, au grand préjudice des intérêts privés et de l'intérêt général.

Donc, la grave question de la colonisation algérienne est restée aujourd'hui ce qu'elle était hier, un problème sans solution. Aussi avons-nous signalé récemment l'apparition d'un nouveau projet qui doit, à notre avis, commander au plus haut degré l'attention des esprits sérieux. Ce projet, dû à l'un de nos publicistes les plus distingués,

M. François Ducuing, a pour but, comme on disait, la création d'un village algérien par département français.

Nous ne reviendrons pas sur les principaux avantages du plan de M. François Ducuing. Ils ont été déjà suffisamment indiqués. Qu'il nous soit permis cependant d'emprunter à l'auteur quelques arguments en faveur de la colonisation par groupes homogènes. Ces arguments sont tirés de l'expérience même ; ils sont en quelque sorte une preuve historique à l'appui du système.

M. Ducuing s'exprime en ces termes dans une lettre qu'il vient d'adresser au *Journal des Débats* :

Suit la citation.

Ces exemples tirés de l'histoire ancienne et moderne ont évidemment une autorité qu'on ne saurait contester. C'est l'expérience même qui dépose en faveur du système proposé, système qui, d'ailleurs, a l'immense avantage d'enlever les destinées de la colonisation africaine au dangereux monopole de la spéculation financière.

Il est donc permis d'espérer que le projet auquel se rattache le nom de M. Ducuing va être pris enfin en sérieuse considération. S'il n'est pas accepté dans toutes ses parties, il servira du moins de point de départ, d'idée mère, et l'auteur aura le mérite d'avoir contribué, comme il le dit lui-même, à inoculer dans notre pays la fièvre de la colonisation algérienne.

ÉMILE FONTAINE.

L'ESTAFETTE.

« Il y a un mois à peine, un jeune et savant publiciste, M. F. Ducuing, insérait dans le journal le *Pays* une lettre relative à l'établissement de villages départementaux en Algérie. Il s'agissait de fonder sur la terre d'Afrique, et aux frais de chacun de nos 86 départements, un nombre égal de colonies agricoles dont les éléments devaient rester distincts et représenter, pour chaque émigré, le sol de la patrie absente. Commentée par plusieurs journaux de

Paris et de province, cette lettre fut reçue avec enthousiasme par la presse algérienne. Il paraît que, depuis lors, l'idée a fait son chemin, car le *Pays* annonçait hier que la Haute-Saône était sur le point de fonder le premier village, et que d'autres départements allaient bientôt suivre sa noble initiative. »

LA REVUE D'ORIENT ET D'ALGÉRIE.

« Un écrivain distingué, M. François Ducuing, a émis dans la publicité une idée féconde pour l'avenir de l'Algérie. Cette idée est de coloniser l'Algérie par départements, en prenant dans chaque circonscription départementale un contingent de population qui serait établi en Afrique en commune distincte, portant un nom qui rappelât son origine.

» Cette idée, à peine émise, a pris faveur dans le public. Presque tous les journaux de Paris et de province ont reproduit ou commenté la lettre de M. Fr. Ducuing, publiée d'abord par le *Pays*. Nous nous joignons à cette unanimité de la presse pour recommander le projet de M. Ducuing au gouvernement. »

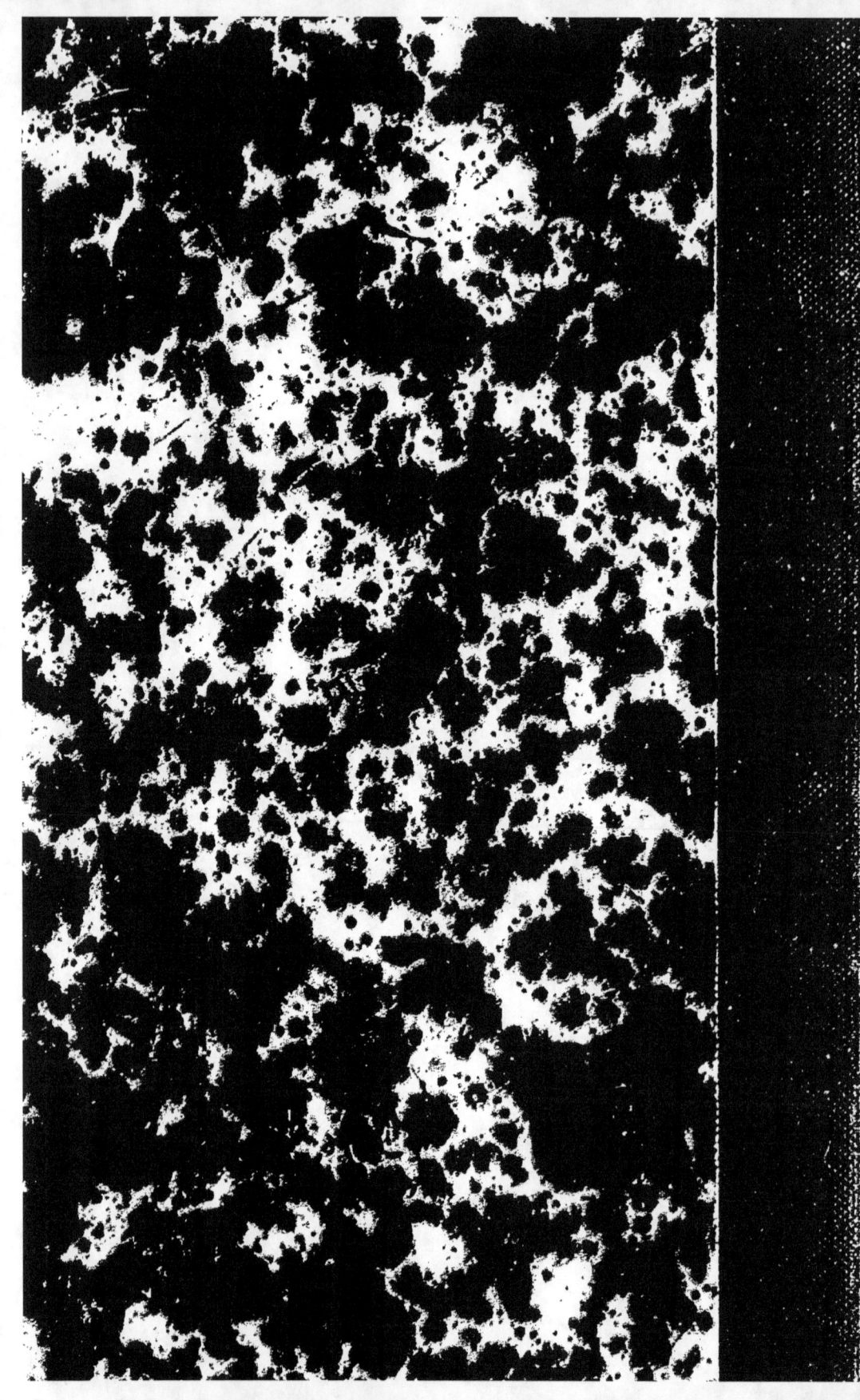

www.ingramcontent.com/pod-product-compliance
Lightning Source LLC
LaVergne TN
LVHW022208080426
835511LV00008B/1649